AF322004

UN COLLECTIONNEUR

AU XVIIᵉ SIÈCLE

Extrait des archives hospitalières de Valence
et de celles du château de Cabrières

PAR LE

Comte de BALINCOURT,

Membre résidant de l'Académie de Nimes.

NIMES

IMPRIMERIE CLAVEL ET CHASTANIER

F. CHASTANIER, SUCCESSEUR

12 — rue Pradier — 12

1887

Un collectionneur au XVIIe siècle.

On a dit avec raison, le moi est haïssable ; j'ajoute et pour les mêmes motifs : les ancêtres des autres ne le sont pas moins. Que l'Académie me pardonne donc de venir encore une fois exhumer devant elle un nouveau personnage de la même famille. Elle comprendra que je suis bien aise de récolter sur mes terres, en attendant l'heure prochaine où il me faudra glaner péniblement sur celles d'autrui.

D'abord mon héros n'est pas le premier venu : Réné de Génas, sieur de Beaulieu, lieutenant de roi de la ville et citadelle de Valence, a vécu cent ans, ce qui n'est pas un mince mérite ; il a été décoré de la croix de Saint-Louis à 75 ans de services, ce qui n'est pas le fait d'un intrigant ; enfin, il a mérité que l'auteur de la noblesse du Comtat Venaissin, Pithon-Curt, lui consacrât dans son ouvrage les lignes suivantes :

« A l'âge de 99 ans, il n'avait aucune infir-
» mité, mangeant de tout, très vif, fort et vi-
» goureux, marchant et dansant très légère-
» ment, très propre sur sa personne et ses
» habits, fort poli, lisant les plus menus ca-
» ractères sans s'être jamais servi de lunet-
» tes ; mais il était un peu sourd. Il avait la
» mémoire présente et étendue, l'esprit très
» orné, faisant dans ses lectures des remar-
» ques principalement sur les médailles, en-

» tendant très bien le latin et la plupart des
» langues vivantes de l'Europe. »

» Certes voilà une figure originale. Quelques détails biographiques l'accuseront davantage, et la physionomie du personnage donnera quelque intérêt à la collection qu'il forma pendant sa longue existence et dont nous dirons quelques mots.

Il naquit à Valence le 5 janvier 1612 et fut baptisé le 6, au prêche de Soyons. Il était fils de Paul de Génas et de Madeleine Estezet, petit-fils de Marguerite de Saulces, dont le frère, devenu acquéreur en 1623 du domaine de Freycinet, fut un des ancêtres de l'ancien Ministre. A quelle époque devint-il catholique ? Dans son enfance sans doute, car les nouveaux convertis adultes se tenaient sur la réserve pour le culte extérieur et notre châtelain a une chapelle très bien montée, des objets de piété dans sa chambre et, à l'occasion dans son inventaire, des expressions fort mal sonnantes à l'adresse des Réformateurs dont il a conservé les portraits. Garde du corps dans la compagnie de Rochefort, puis lieutenant au régiment du roi, il obtint en 1675, les fonctions paisibles qu'il devait exercer si longtemps. Faute de pouvoir guerroyer avec l'ennemi, il prit à partie le présidial et les magistrats de la ville et eut avec eux des démêlés sérieux sur ses droits de préséance dans les cérémonies publiques. Un arrêt du conseil lui donna gain de cause et Louvois rappela sévèrement à l'ordre les récalcitrants qui avaient fait mine de résister. « Sa Majesté, leur écrit-il, prendra des mesures qui vous feront cognoistre la manière dont Elle veut estre obéie. » (Lettre du 11 février 1679).

René de Génas ne se maria pas. L'ancien officier aux gardes avait-il conservé le souvenir trop fidèle de ces beautés de la Cour, dont les nombreux portraits décoraient sa retraite ? Une d'elles est même désignée par cette mention discrète ou indiscrète : une dame que j'ai toujours honorée. Quoi qu'il en soit, vers la fin de sa vie, n'ayant plus pour héritier direct qu'un neveu, célibataire endurci comme lui, il s'adressa à la branche des Beauvoisin et écrivit à Louis de Génas, baron de Vauvert, que voyant à regret finir une famille illustrée par 500 ans de noblesse et d'emplois élevés, il substituait son fils dans son testament à son propre neveu, le priant seulement de le marier le plus tôt possible. Faute d'héritier mâle, ses biens devaient échoir en effet à l'hôpital de Valence. Pour éviter les frais d'un inventaire par autorité de justice, il dressa lui-même la liste détaillée des meubles de son château de Cléon d'Andran et de son logement à la citadelle, en 502 articles, dans toutes les formes et avec le soin le plus scrupuleux. M. Lacroix, archiviste de la Drôme, a bien voulu me fournir une copie de cette pièce dont l'original est déposé aux archives hospitalières de Valence : nous ne relèverons dans ce volumineux document que les articles les plus bizarres et les plus intéressants.

Le mobilier, qu'on trouvait trop ancien lors de l'expertise de 1760, ferait prime aujourd'hui à l'hôtel des ventes : lits à la duchesse en tapisserie, en damas vert, en point d'Angleterre, housses en soie rouge et blanche ; tables et bahuts à colonnes torses, chaises et sophas en maroquin. Les

murs sont tendus de tapisseries de haute lis-
se ou de satinade de Turin. Les tableaux
sont nombreux : on y remarque les Amours
de l'Albano, les portraits des évêques de
Valence, de beaucoup de personnages célèbres, des ancêtres du propriétaire et de
Réné de Génas lui-même.

Quelques curiosités, objets de physique
amusante, souvenirs historiques et talismans, qui, malgré le scepticisme apparent
du testateur, ne laissent pas de le préoccu-
per et en tous cas, devaient impressionner
le public d'alors. Citons au hazard :

« Un tuyau de verre avec deux globes à
chaque bout qui sert à séparer l'eau du vin
quoique mêlés, quand on les met dans cet
instrument appelé séparatorio », appareil,
qui, par parenthèse, ne serait pas à dédai-
gner aujourd'hui par ces temps de mouil-
lage.

« Une discipline en agnelets de cuivre,
avec un manche d'ébène, pièce rare et bien
travaillée en Amérique. »

« Un peigne de fer, ouvragé à jour, et
deux petits miroirs qui appartenaient à Dia-
ne de Poitiers. »

« Un vieux bassin, appelé par les Romains libans, d'un métal inconnu et d'un
ouvrage infini, ayant servi à Lucius Ogidius
Marius, pontife perpétuel, pour un sacrifice
en l'honneur de l'empereur Philippe, et que
j'estime plus que s'il était en argent fin. »

Un trait de mœurs en passant : « Seize
petits seaux appelés baguenaudiers, où l'on
met de l'eau et un verre quand on veut un
peu boire après le diner et qu'on renvoie les
valets. »

Puis la sorcellerie : « Un crapaud de cuivre doré avec une chaînette du même métal, pour préserver de toutes sortes de venins et de morsures d'animaux venimeux. »

« Une pierre plate, carrée, couleur d'ardoise, trouvée en terre dans un pot bien luté, pour donner des récoltes abondantes, auxquels j'ajoute autant de foi qu'à l'Alcoran et si je les garde ce n'est que pour désabuser les sots qui y croyent. »

» La pierre Cobra, que appelons serpentine, et qui n'est autre chose qu'une composition des orientaux pour guérir toutes sortes de morsures d'animaux. En l'appliquant dessus, elle s'attache fortement jusqu'à ce qu'elle ait tiré tout le venin ; après quoi elle tombe et il faut la mettre dans une tasse de lait pendant quelques heures où elle dépose tout le venin qu'elle avait tiré. Ce lait doit être enterré, étant du véritable poison. »

» Deux crapaudines, qu'on tire de la tête des crapauds, utiles contre les venins. »

» Quatre olives et sept lentilles pétrifiées, venant de Judée, et provenant du jardin dont les fruits furent changés en pierres par le prophète Elisée.... »

N'allons pas plus loin ! j'ai comme un vague soupçon que le collectionneur émérite a voulu se moquer de ses héritiers, d'autant plus qu'il ajoute d'un air que je suppose narquois : « Je n'ai pas pu m'en procurer davantage. » Mieux vaut passer à des trésors plus authentiques et plus dignes de nos regrets.

D'abord un choix de livres rares relatifs à la numismatique, dont j'ai pu, à l'aide du Manuel de Brunet, reconstituer les titres défigurés par le copiste. J'y trouve les œuvres de Vaillant, de Savot et d'Antoine Le Pois ; les collections de médailles de Jacques de Bie, d'Occo et de Strada. Beaucoup d'autres bons ouvrages : les histoires de Provence et du Dauphiné, un Montaigne in-folio, un magnifique Pétrarque, édition de Venise ; un livre d'heures gothique sur vélin et avec des estampes sur chaque feuillet différentes.

Puis le médailler, le *clou* de la collection, comprenant :

1° La suite complète des empereurs romains, en bronze, grand et petit module ; quelques souverains français et étrangers et personnages célèbres, entre autres un cardinal de Porto-Carrero, « exquis pour sa gravure. »

2° Plus de 700 monnaies et médailles d'argent ; autre suite d'empereurs, princes et hommes illustres ; et, — pièce intéressante au plus haut degré pour la famille, — la médaille frappée sous Louis XI, par ordre de François de Génas, général des finances, avec ses armes et sa devise : « Je suis content. »

3° Une vingtaine de médailles d'or : Jules César, Auguste, Tibère, Septime Sévère, Néron, Galba, Othon (rarissime, comme on sait), Marc-Aurèle, Vespasien, Titus, Domitien, Justin, Justinien, les deux Valentinien, Bogoris, etc.

Enfin les papiers et titres de famille et les lettres de Louis XI à François de Génas, dont il ne nous reste que les copies, les originaux ayant été prêtés à un parent, Annet de Génas, prieur de Charpey, et, à sa mort, perdus ou recueillis par son héritier, Jean de Catelan, évêque de Valence.

Ajoutons pour les esprits pratiques que cette collection se trouvait conservée et comme encadrée dans un beau château environné lui-même d'un vaste domaine. Cette demeure seigneuriale, bâtie sous Louis XIII et qui existe encore, avait un aspect assez imposant. Précédée d'un vaste parterre, elle consistait en deux ailes flanquant un corps de logis en retraite auquel on arrivait par un escalier extérieur monumental. Derrière le château, les bâtiments d'exploitation, puis les terres, vignes, prés et bois d'une superficie totale de 315 sétérées (71 hectares).

Réné de Génas mourut en 1742 et son neveu Christophe en 1760. Le 6 septembre de cette année, les sieurs Vaussenas de Crest et François Beau, de Vauvert, experts choisis l'un du marquis de la Blachette, héritier de Christophe, l'autre du baron de Vauvert, héritier substitué, procédèrent à la vérification du dit inventaire et à l'estimation du mobilier. La vérité m'oblige à avouer qu'il fut estimé 3.805 livres, cinq sols, eu égard à sa vieillesse et aussi, je pense, aux exigences du fisc. Les beaux jours du bric-à-brac n'étaient pas encore venus. Vingt ans après, Pierre de Génas, baron de Vauvert, mourait à son tour ne laissant que des filles et, en vertu du testament de 1739, château, terres, tableaux, médailles et talismans firent retour à l'hôpital de Valence.

C'était une belle institution que celle des substitutions : elle a fait la fortune des notaires et des gens de chicane. Réné de Génas avait vu finir un procès sur cette matière, commencé trois siècles auparavant. En 1439, un de ses ancêtres avait légué ses biens à son neveu avec substitution des mâles à l'infini, ce qui avait entretenu une perpétuelle mésintelligence dans sa famille : il tenait à conserver cette bonne tradition.

Il est juste de dire que l'hôpital nous a abandonné les papiers et les portraits d'aïeux, par égard pour le testateur et sans doute pour le mérite de la peinture. Et maintenant j'ai la consolation de contempler tous les jours les traits de ce vieux brave, qui voyant tous mes soins pour ce qui me vient de lui, doit regretter là-haut de ne pas avoir laissé venir tout le reste en d'aussi bonnes mains. »

Mai 1887.